Santo Afonso
de Ligório

Mario Basacchi

Santo Afonso de Ligório

Novena e biografia

2ª edição - 2005
2ª reimpressão - 2021

Citações bíblicas: Bíblia Sagrada – tradução da CNBB, 2001.
Editora responsável: Celina H. Weschenfelder
Equipe Editorial

Nenhuma parte desta obra poderá ser reproduzida ou transmitida por qualquer forma e/ou quaisquer meios (eletrônico ou mecânico, incluindo fotocópia e gravação) ou arquivada em qualquer sistema ou banco de dados sem permissão escrita da Editora. Direitos reservados.

Paulinas
Rua Dona Inácia Uchoa, 62
04110-020 – São Paulo – SP (Brasil)
Tel.: (11) 2125-3500
http://www.paulinas.com.br – editora@paulinas.com.br
Telemarketing e SAC: 0800-7010081
© Pia Sociedade Filhas de São Paulo – São Paulo, 2002

Introdução

Deus se faz presente na sua Igreja, nas pessoas criadas à sua imagem e semelhança, na natureza, que está à nossa disposição, e, de modo especial, na vida dos santos e santas, testemunhas fiéis do Evangelho.

Santo Afonso foi um desses grandes santos, que, por sua palavra, seus escritos e seu exemplo, tirou a Igreja do medo e do jansenismo,[1] abrindo-a à esperança. Formou as consciências cristãs. Ensinou a rezar, a meditar, e mostrou a verdadeira devoção para com Jesus eucarístico e sua Santa Mãe.

---

[1] Doutrina estabelecida por Cornélio Jansênio (1585-1638), bispo de Ipres. O jansenismo sustenta ser a natureza humana por si só incapaz do bem, por isso a austeridade extrema na aplicação do sacramento às pessoas, só sendo dignos deste ato os santos e pessoas da Igreja.

Nesses nove dias em que estaremos em companhia desse santo missionário e doutor da Igreja, peçamos-lhe que nos obtenha a graça de compreender o quanto Deus nos ama como filhos.

Quem foi e como viveu santo Afonso

Afonso Maria de Ligório, descendente de uma das mais antigas e nobres famílias napolitanas, nasceu em 27 de setembro de 1696, em Marianella, povoado de Nápoles, Itália.

Dotado de grande inteligência e favorecido pelo ambiente em que vivia, Afonso aprendeu com facilidade várias línguas, ciências, pintura e música. Aos 16 anos, licenciou-se em Direito Civil e Canônico. Tornou-se advogado aos 19 anos, desenvolvendo brilhantemente a profissão. Em seu projeto de vida, lemos que "as virtudes que fazem o advogado são a ciência, a aplicação, a verdade, a fidelidade e a justiça". E foi justamente por não concordar com as injustiças e a corrupção dos tribunais que Afonso abandonou a advocacia.

A opção estava feita: serviria somente a Deus e a seus irmãos mais pobres. Foi ordenado sacerdote aos 30 anos. Aos 36 anos, com a colaboração de um grupo de amigos, fundou a Congregação do Santíssimo Redentor (redentoristas), orientada para a evangelização dos pobres (camponeses analfabetos e mendigos da periferia de Nápoles).

Aos 60 anos, por insistência do papa Clemente XIII, Afonso foi consagrado bispo de Santa Ágata dos Godos e dirigiu a diocese por dezenove anos. Doente, pediu seu afastamento e retirou-se dentre seus irmãos redentoristas. Apesar de pedir a Deus para morrer antes de pecar, sua vida foi longa, falecendo aos 91 anos.

"Santo Afonso foi um grande amigo do povo, do pequeno, do povo dos quarteirões de Nápoles, do povo dos humildes, dos artesãos e sobretudo do povo do campo. Este sentido do povo caracteriza toda a vida de Afonso como missionário, como bispo, como fundador, como escritor" (João Paulo II, em sua carta *Spiritus Domini*, 1/8/1987).

Santo Afonso foi beatificado em 1816 e canonizado em 1839. Declarado doutor da Igreja em 1871 e patrono de todos os moralistas e confessores em 1950.

PRIMEIRO DIA

"Deus vos ama! Amai-o...
Ele está sempre junto a vós,
dentro de vós" (santo Afonso).

Em nome do Pai, do Filho e do Espírito Santo. Amém.

Oração inicial

Ó santo Afonso, bispo e doutor da Igreja, conhecemos o vosso imenso amor por Jesus e Maria, sua mãe. A manjedoura, a cruz e o tabernáculo eram os temas favoritos de vossa meditação, que vos levaram a exclamar: "O amor que Jesus Cristo nos testemunhou nos comprime, nos força a amá-lo". Queremos repetir convosco: "Meu Jesus, eu vos amo de todo o meu coração.

Eu me arrependo de no passado, muitas vezes, ter afligido vossa infinita bondade. Eu me comprometo, com a ajuda de vossa graça, a não mais vos ofender no futuro: eu vos entrego a vontade, os afetos, os desejos; numa palavra, tudo o que é meu. Doravante, disponde de minha pessoa e de tudo o que me pertence segundo a vossa vontade. Eu vos suplico o que desejo antes de tudo: vosso amor, a perseverança final, o cumprimento perfeito de vossa vontade".

O exemplo do santo: Deus acima de tudo

"Se o amor de todas as pessoas, anjos e santos fosse somado, não se igualaria à menor parte do amor de Deus por nós." São palavras de santo Afonso, que meditou, pregou e muito escreveu sobre o amor de Deus para conosco.

A maior prova desse amor – repetia a todos os instantes – foi Deus nos ter dado seu Filho Único, Jesus, e permitido que, para espiar os nossos pecados, ele fosse sacrificado na cruz.

Para melhor compreender esse amor, o santo nos exorta a meditar os sofrimentos de Jesus, desde o seu nascimento na manjedoura até a sua morte na cruz. Lembra-nos ainda de que, para ficar conosco, Jesus se fez prisioneiro no tabernáculo.

Leitura bíblica

"Jesus respondeu: 'Amarás o Senhor, teu Deus, com todo o teu coração, com toda a tua alma e com todo o teu entendimento!' Esse é o maior e o primeiro mandamento. Ora, o segundo lhe é semelhante: 'Amarás teu próximo como a ti mesmo'. Toda a Lei e os Profetas dependem desses dois mandamentos" (Mt 22,37-40).

Oração final

Ó santo Afonso, bispo e doutor da Igreja, fiel servidor de Deus e servo dedicado de Maria Santíssima, ouvi as nossas súplicas e intercedei a Deus por nós. Fizestes opção pelos excluídos: condenados à morte, incuráveis, pobres dos quarteirões baixos da cidade e camponeses analfabetos, vendo neles o próprio Jesus. Acendei em nossos corações a chama do amor, para que, meditando a vida de Jesus, possamos nos entregar ao serviço do Reino. Aumentai a nossa confiança na Virgem Maria, para que ela interceda a Jesus por nós e nos obtenha a graça que desejamos (fazer o pedido). Por Jesus Cristo, Nosso Senhor, e pela intercessão de Maria, sua gloriosa Mãe. Amém.

Pai-Nosso, Ave-Maria, Glória-ao-Pai.
Santo Afonso, rogai por nós.

SEGUNDO DIA

"Devemos amar o nosso próximo, porque ele é amado por Deus! Devemos amar aqueles que Deus ama" (santo Afonso).

Em nome do Pai, do Filho e do Espírito Santo. Amém.

Oração inicial

"Senhor, dai-me vosso amor, mas um amor ardente; um amor forte, que me torne capaz de vencer todas as dificuldades; um amor perpétuo, que me prenda a vós sem retorno. Eu vos amo, ó meu Redentor amado, e espero tudo pelos méritos de vosso sangue derramado por mim. Eu vos suplico, com a Santa Igreja, que abraseis com o fogo de vosso amor meu coração e os corações de todos os homens que estão na terra. Sim, eu vos amo, ó meu soberano Bem! Eu vos amo, meu Deus, meu Tudo." "Espero tudo também de vossa intercessão, ó Maria, meu refúgio, minha esperança e minha Mãe" (santo Afonso).

O exemplo do santo: a serviço dos pobres e excluídos

Santo Afonso optou por deixar honrarias e riquezas para servir às pessoas, dedicando-se, desde a juventude até a avançada idade, a evangelizar, aconselhar e amparar os mais pobres e abandonados: órfãos, viúvas, cocheiros, camponeses, encarcerados e condenados à morte. Amava o próximo porque este era amado por Deus. Em cada homem, mulher ou criança, Afonso via a imagem de Deus e um irmão para socorrer.

Leitura bíblica

"Como eleitos de Deus, santos e amados, vesti-vos com sentimentos de compaixão, com bondade, humildade, mansidão, paciência. Sobretudo, revesti-vos do amor, que une a todos na perfeição" (Cl 3,12.14).

Oração final

Ó santo Afonso, bispo e doutor da Igreja, fiel servidor de Deus e servo dedicado de Maria Santíssima, ouvi as nossas súplicas e intercedei a Deus por nós. Fizestes opção pelos excluídos: condenados à morte, incuráveis, pobres dos quarteirões baixos da cidade e camponeses analfabetos, vendo neles o próprio Jesus. Acendei em nossos corações a chama do amor, para que, meditando a vida de Jesus, possamos nos entregar ao serviço do Reino. Aumentai a nossa confiança na Virgem Maria, para que ela interceda a Jesus por nós e nos obtenha a graça que desejamos (fazer o pedido). Por Jesus Cristo, Nosso Senhor, e pela intercessão de Maria, sua gloriosa Mãe. Amém.

Pai-Nosso, Ave-Maria, Glória-ao-Pai.
Santo Afonso, rogai por nós.

TERCEIRO DIA

"O advogado deve implorar a ajuda de Deus: Deus não é o primeiro protetor da justiça?" (santo Afonso).

Em nome do Pai, do Filho e do Espírito Santo. Amém.

Oração inicial

"Meu Jesus, como a samaritana, digo-vos: 'Dai-me desta água'. Dai-me a água de vosso amor a fim de que eu esqueça a terra e viva só para vós, ó amável Infinito! Minha alma é uma terra seca que não produz senão cardos e espinhos do pecado: dignai-vos a regá-la com as águas de vossa graça, a fim de que produza frutos, realize algumas obras gloriosas para vós, antes que a morte me faça sair deste mundo". "Ó Maria, minha esperança, guardai-me sempre sob o manto de vossa proteção" (santo Afonso).

O exemplo do santo: modelo de estudante e de advogado

Afonso era um nobre cavaleiro, recebeu formação brilhante e sólida. Foi um estudante exemplar e um advogado vencedor. Durante um debate no tribunal, decepcionado diante de tanta injustiça e corrupção, largou a toga e deixou para sempre o Palácio da Justiça, repetindo interiormente: "Mundo, eu te conheço. Adeus, tribunais!".

Os estudos e o exercício de sua profissão não o impediram de ser apóstolo em sua casa, em seu ambiente de trabalho e nos bairros pobres de sua cidade. Não descuidava da oração e da assistência aos mais necessitados.

Leitura bíblica

"Há diversidade de dons, mas o Espírito é o mesmo. Há diversidade de ministério, mas o Senhor é o mesmo. Há diferentes atividades, mas é o mesmo Deus que realiza tudo em todos. A cada um é dada a manifestação do Espírito, em vista do bem de todos" (1Cor 12,4-7).

Oração final

Ó santo Afonso, bispo e doutor da Igreja, fiel servidor de Deus e servo dedicado de Maria Santíssima, ouvi as nossas súplicas e intercedei a Deus por nós. Fizestes opção pelos excluídos: condenados à morte, incuráveis, pobres dos quarteirões baixos da cidade e camponeses analfabetos, vendo neles o próprio Jesus. Acendei em nossos corações a chama do amor, para que, meditando a vida de Jesus, possamos nos entregar ao serviço do Reino. Aumentai a nossa confiança na Virgem Maria, para que ela interceda a Jesus por nós e nos obtenha a graça que desejamos (fazer o pedido). Por Jesus Cristo, Nosso Senhor, e pela intercessão de Maria, sua gloriosa Mãe. Amém.

Pai-Nosso, Ave-Maria, Glória-ao-Pai.
Santo Afonso, rogai por nós.

QUARTO DIA

"Eu sou padre, minha dignidade ultrapassa a dos anjos: viverei numa pureza total, angelical" (santo Afonso).

Em nome do Pai, do Filho e do Espírito Santo. Amém.

Oração inicial

Senhor Jesus, que, para salvar as pessoas, destes vossa vida, dai vossas luzes e vosso amor a tantos sacerdotes que têm a missão de pregar a vossa Palavra com simplicidade, como vós mesmos a pregastes e como a pregaram vossos discípulos. Aumentai neles a fé para que nada os impeça de ser autênticos em tudo o que dizem e realizam. Amém.

O exemplo do santo: sacerdote e missionário do Senhor

Santo Afonso foi ordenado sacerdote aos 30 anos. Sua ação pastoral se desenvolveu entre os pobres e desamparados. Evangelizava, pregava a Palavra de Deus por meio das missões e dos escritos. Como o tinha feito quando era advogado, agora, como sacerdote, propõe-se um novo projeto de vida: "A santa Igreja me honra: compete a mim fazer-lhe honra pela santidade de minha vida, meu zelo, meus trabalhos, a dignidade de meu comportamento. Ofereço Cristo ao Pai eterno: devo então ser revestido das virtudes dele e não ir sem preparação ao meu encontro com o Santo dos santos. Sou sacerdote, por isso devo irradiar as virtudes de Jesus Cristo e assegurar sua glória de sumo e eterno Sacerdote".

Leitura bíblica

"Que o próprio Deus da paz vos santifique inteiramente, e que todo o vosso ser – o espírito, a alma e o corpo – seja guardado irrepreensível para a vinda de nosso Senhor Jesus Cristo! Aquele que vos chama é fiel, ele mesmo fará isto" (1Ts 5,23-24).

Oração final

Ó santo Afonso, bispo e doutor da Igreja, fiel servidor de Deus e servo dedicado de Maria Santíssima, ouvi as nossas súplicas e intercedei a Deus por nós. Fizestes opção pelos excluídos: condenados à morte, incuráveis, pobres dos quarteirões baixos da cidade e camponeses analfabetos, vendo neles o próprio Jesus. Acendei em nossos corações a chama do amor, para que, meditando a vida de Jesus, possamos nos entregar ao serviço do Reino.

Aumentai a nossa confiança na Virgem Maria, para que ela interceda a Jesus por nós e nos obtenha a graça que desejamos (fazer o pedido). Por Jesus Cristo, Nosso Senhor, e pela intercessão de Maria, sua gloriosa Mãe. Amém.

Pai-Nosso, Ave-Maria, Glória-ao-Pai.
Santo Afonso, rogai por nós.

QUINTO DIA

"Quem reza se salva, quem não reza se condena. Todos os santos se salvaram e se santificaram pela oração" (santo Afonso).

Em nome do Pai, do Filho e do Espírito Santo. Amém.

Oração inicial

"Ó Deus de meu coração, sei que me socorreis sempre quando vos suplico. Mas eis meu receio: tenho medo de deixar de recorrer a vós e, por minha culpa, ter assim a imensa infelicidade de perder vossa graça. Ah! Pelos méritos de Jesus Cristo, dai-me a graça da oração, mas uma graça abundante de rezar sempre e de rezar bem." "Ó Maria, minha mãe, obtende-me, pelo amor que tendes a Jesus Cristo, a graça que imploro: a de rezar e de nunca deixar de rezar até a morte. Amém" (santo Afonso).

O exemplo do santo: doutor da oração

Santo Afonso é chamado doutor da oração não apenas porque rezava muito e bem, mas porque ensinava a rezar. Aprendeu a falar com Deus nos joelhos de sua mãe e nos braços de seu pai. Em todas as suas missões, reservava um sermão sobre a oração e pedia para seus missionários fazerem o mesmo. Escreveu diversos livros sobre a necessidade e a importância da oração, incluindo lindas e carinhosas orações dirigidas a Nossa Senhora. Entre suas obras estão Caminho da cruz e Visitas ao Santíssimo Sacramento, que são lidas até hoje.

Orações e meditações alimentavam seus retiros fechados. Santo Afonso, além de pregador e incentivador desses retiros, desde a juventude foi um dos seus mais assíduos freqüentadores. A sua conversão é atribuída a um desses exercícios espirituais que realizou em 1722.

Leitura bíblica

É necessário orar sempre, sem nunca desistir (cf. Lc 18,1).

Oração final

Ó santo Afonso, bispo e doutor da Igreja, fiel servidor de Deus e servo dedicado de Maria Santíssima, ouvi as nossas súplicas e intercedei a Deus por nós. Fizestes opção pelos excluídos: condenados à morte, incuráveis, pobres dos quarteirões baixos da cidade e camponeses analfabetos, vendo neles o próprio Jesus. Acendei em nossos corações a chama do amor, para que, meditando a vida de Jesus, possamos nos entregar ao serviço do Reino. Aumentai a nossa confiança na Virgem Maria, para que ela interceda a Jesus por nós e nos obtenha a graça que desejamos (fazer o pedido). Por Jesus Cristo, Nosso Senhor, e pela intercessão de Maria, sua gloriosa Mãe. Amém.

Pai-Nosso, Ave-Maria, Glória-ao-Pai.
Santo Afonso, rogai por nós.

SEXTO DIA

"Uma alma perfeita vale mais aos olhos de Deus que mil medíocres" (santo Afonso).

Em nome do Pai, do Filho e do Espírito Santo. Amém.

Oração inicial

"Ah! Deus eterno! Que esperança de perdão haveria para mim se não me tivésseis dado Jesus Cristo, precisamente para que fosse esperança, para nós, pobres pecadores? Ele é a oferenda de expiação pelos nossos pecados (cf. 1Jo 2,2). Sim, pelo sacrifício de sua vida em expiação das injúrias que vos fizemos, ele vos deu mais honra do que nossos pecados vos tinham roubado. Acolhei-me, então, ó meu Pai, por amor de Jesus Cristo. Sim, meu Pai, eu vos amo e quero amar-vos sempre. Dignai-me um amor ardente, que me leve sem cessar a chorar minhas ofensas a um Pai tão bom; fazei que este amor ardente nunca se arrefeça para com um Pai tão amoroso". "Ó Maria, vós sois minha Mãe; junto de Deus podeis tudo. Ajudai-me, então, obtende-me seu santo amor e a santa perseverança" (santo Afonso).

O exemplo do santo: patrono dos confessores e moralistas

Santo Afonso viveu no século XVIII, o século das luzes. O jansenismo[2] e o extremo rigor com que muitos confessores tratavam os pecadores afastavam muitos fiéis dos sacramentos e, de modo especial, da mesa eucarística, espalhando o medo da condenação eterna.

---

[2] Cf. nota 1, p. 5.

Santo Afonso, que passou grande parte da sua vida nos confessionários e na pregação da misericórdia de Deus, lutou contra o excessivo rigorismo e animava os cristãos a confiarem na bondade e misericórdia de Deus. Queria que cada pessoa se santificasse em seu próprio estado. Aos confessores pediu que pregassem o amor e a esperança, sendo ele o primeiro a fazê-lo ao afirmar: "As conversões feitas no temor não duram mais que um dia. As conversões feitas por amor duram para sempre".

Escreveu a teologia moral para ajudar sacerdotes e fiéis a confiarem mais na misericórdia de Deus.

Leitura bíblica

"Espero no Senhor, minha alma espera na sua palavra." "Porque junto ao Senhor está a misericórdia, e junto dele a redenção é copiosa" (Sl 130,5.7b).

Oração final

Ó santo Afonso, bispo e doutor da Igreja, fiel servidor de Deus e servo dedicado de Maria Santíssima, ouvi as nossas súplicas e intercedei a Deus por nós. Fizestes opção pelos excluídos: condenados à morte, incuráveis, pobres dos quarteirões baixos da cidade e camponeses analfabetos, vendo neles o próprio Jesus. Acendei em nossos corações a chama do amor, para que, meditando a vida de Jesus, possamos nos entregar ao serviço do Reino. Aumentai a nossa confiança na Virgem Maria, para que ela interceda a Jesus por nós e nos obtenha a graça que desejamos (fazer o pedido). Por Jesus Cristo, Nosso Senhor, e pela intercessão de Maria, sua gloriosa Mãe. Amém.

Pai-Nosso, Ave-Maria, Glória-ao-Pai.
Santo Afonso, rogai por nós.

SÉTIMO DIA

"No tabernáculo, o Salvador derrama sobre nós todos os méritos de sua paixão" (santo Afonso).

Em nome do Pai, do Filho e do Espírito Santo. Amém.

Oração inicial

"Caro Menino, neste presépio, eu vos vejo como já pregado na cruz: ela está presente em vosso espírito e, de antemão, vós a aceitais por amor de mim. Ó Menino crucificado, vos direi, eu vos dou graças e vos amo. Eu vos amo, ó meu Salvador pequenino; eu vos amo, meu Deus criança; eu vos amo, ó meu amor, minha vida, meu tudo!." "Ó Maria, minha Mãe, ajudai-me:

que seja também glória vossa ver vosso Filho amado por um miserável pecador que antes tanto o ofendeu" (santo Afonso).

O exemplo do santo: a manjedoura, a cruz e o tabernáculo

Para santo Afonso, Jesus era tudo e seu único amor. Meditava diariamente, escrevia e pregava sobre os grandes sinais do amor de Jesus por nós: sua encarnação, paixão e morte, e a eucaristia.

"Meditar o mistério do Natal é descobrir o verdadeiro rosto de Deus", dizia ele em seus escritos, canções e poemas. O mistério da paixão e morte de Jesus tocou o coração de santo Afonso, que chegou a exclamar: "Deus está com problemas, louco de amor, perdeu a cabeça de tanto amor".

Santo Afonso passava longas horas diante do tabernáculo adorando, agradecendo e meditando. Todos os dias visitava o Santíssimo Sacramento. Plantava e colhia as flores mais belas e perfumadas para enfeitar o sacrário.

Leitura bíblica

"No princípio era a Palavra, e a Palavra estava junto de Deus, e a Palavra era Deus." "E a Palavra se fez carne e veio morar entre nós" (Jo 1,1.14a).

Oração final

Ó santo Afonso, bispo e doutor da Igreja, fiel servidor de Deus e servo dedicado de Maria Santíssima, ouvi as nossas súplicas e intercedei a Deus por nós. Fizestes opção pelos excluídos: condenados à morte, incuráveis, pobres dos quarteirões baixos da cidade e camponeses analfabetos, vendo neles o próprio Jesus. Acendei em nossos corações a chama do amor, para que, meditando a vida de Jesus, possamos nos entregar ao serviço do Reino. Aumentai a nossa confiança na Virgem Maria, para que ela interceda a Jesus por nós e nos obtenha a graça que desejamos (fazer o pedido). Por Jesus Cristo, Nosso Senhor, e pela intercessão de Maria, sua gloriosa Mãe. Amém.

Pai-Nosso, Ave-Maria, Glória-ao-Pai.
Santo Afonso, rogai por nós.

OITAVO DIA

"Conheces meu desejo, ó doce Maria? Tu, minha esperança, eu queria amar-te, estar sempre a teu lado" (santo Afonso).

Em nome do Pai, do Filho e do Espírito Santo. Amém.

Oração inicial

"Ó Maria, Mãe de misericórdia, minha Soberana, eu vos confio todo o meu ser: salvai-me. Obtende-me a perseverança na graça divina e o amor para com vosso divino Filho e para convosco. Eu vos amo, ó minha Rainha, e espero amar-vos para sempre. Amai-me vós também, recebei-me sob o manto de vossa proteção e tende piedade de mim, eu vos suplico pelo amor que tendes a vosso bem-amado Jesus. Considerai que confiança é a minha em vossa misericórdia. Eu bem o sei, vós não deixareis de me socorrer, se eu for fiel em vos suplicar. Assisti-me sobretudo no momento de minha morte; fazei que renda o último suspiro pronunciando vosso nome e o de vosso divino Filho, dizendo-vos: Jesus e Maria, eu vos recomendo todo o meu ser" (santo Afonso).

O exemplo do santo: cantor das glórias de Maria

Santo Afonso amou Maria, a Mãe de Jesus e nossa, desde a infância. Sabia que, encontrando Maria, certamente encontraria Jesus. Depois de sua conversão em 1722, tornou-se um romeiro devoto da Mãe de Deus, e toda tarde, após visita a alguma igreja onde o Santo Sacramento estivesse exposto, se dirigia a outra igreja de Nápoles dedicada à Virgem.

Santo Afonso faleceu no dia 1º de agosto de 1787, na hora do "Angelus" (Anjo do Senhor), ao meio-dia, abraçado a uma imagem de Nossa Senhora. Ele dizia que "propagar a devoção para com Maria é contribuir poderosamente para nosso bem pessoal e para o do povo cristão". Escreveu belíssimas páginas sobre a Mãe em seu livro Glória de Maria, que logo se tornou *best-seller* no mundo todo.

Leitura bíblica

"A minha alma engrandece o Senhor, e meu espírito se alegra em Deus, meu Salvador, porque ele olhou para a humildade de sua serva. Todas as gerações, de agora em diante, me chamarão feliz" (Lc 1,47-48).

Oração final

Ó santo Afonso, bispo e doutor da Igreja, fiel servidor de Deus e servo dedicado de Maria Santíssima, ouvi as nossas súplicas e intercedei a Deus por nós. Fizestes opção pelos excluídos: condenados à morte, incuráveis, pobres dos quarteirões baixos da cidade e camponeses analfabetos, vendo neles o próprio Jesus. Acendei em nossos corações a chama do amor, para que, meditando a vida de Jesus, possamos nos entregar ao serviço do Reino. Aumentai a nossa confiança na Virgem Maria, para que ela interceda a Jesus por nós e nos obtenha a graça que desejamos (fazer o pedido). Por Jesus Cristo, Nosso Senhor, e pela intercessão de Maria, sua gloriosa Mãe. Amém.

Pai-Nosso, Ave-Maria, Glória-ao-Pai.
Santo Afonso, rogai por nós.

NONO DIA

"Coração do meu Jesus: quanto desejaria fazer a humanidade inteira compreender o amor que tendes por ela" (santo Afonso).

Em nome do Pai, do Filho e do Espírito Santo. Amém.

Oração inicial

"Senhor, ajudai-me: fazei-me vosso eternamente, antes que me atinja a morte. Dai-me vosso amor, mas um amor ardente...; um amor forte, que me torne capaz de vencer todas as dificuldades... um amor perpétuo, que me prenda a vós sem retorno. Eu vos amo, ó meu Redentor amado, e espero tudo pelos méritos de vosso sangue derramado por mim." "Espero tudo também de vossa intercessão, ó Maria, meu refúgio, minha esperança e minha Mãe" (santo Afonso).

O exemplo do santo: doutor da Igreja

O papa Pio IX, ao declarar santo Afonso doutor da Igreja, em 23 de março de 1871, assim se expressou: "Ele dissipou as trevas do erro espalhadas pelos incrédulos e pelos jansenistas.[3] Com seus escritos na área da teologia moral, resolveu as dúvidas dos teólogos e trilhou um caminho seguro pelo qual os diretores espirituais podiam caminhar com passo livre".

Santo Afonso publicou aproximadamente 110 trabalhos com temas teológicos e espirituais, que são lidos até hoje, pois perpassam os séculos pelos diversos motivos já vistos.

---

[3] Adeptos do jansenismo, veja nota 1.

Leitura bíblica

"Eis! O meu servo terá sucesso, vai crescer, subir, elevar-se muito" (Is 52,13).

Oração final

Ó santo Afonso, bispo e doutor da Igreja, fiel servidor de Deus e servo dedicado de Maria Santíssima, ouvi as nossas súplicas e intercedei a Deus por nós. Fizestes opção pelos excluídos: condenados à morte, incuráveis, pobres dos quarteirões baixos da cidade e camponeses analfabetos, vendo neles o próprio Jesus. Acendei em nossos corações a chama do amor, para que, meditando a vida de Jesus, possamos nos entregar ao serviço do Reino. Aumentai a nossa confiança na Virgem Maria, para que ela interceda a Jesus por nós e nos obtenha a graça que desejamos (fazer o pedido). Por Jesus Cristo, Nosso Senhor, e pela intercessão de Maria, sua gloriosa Mãe. Amém.

Pai-Nosso, Ave-Maria, Glória-ao-Pai.
Santo Afonso, rogai por nós.

NOSSAS DEVOÇÕES
(Origem das novenas)

De onde vem a prática católica das novenas? Entre outras, podemos dar duas respostas: uma histórica, outra alegórica.

Historicamente, na Bíblia, no início do livro dos Atos dos Apóstolos, lê-se que, passados quarenta dias de sua morte na Cruz e de sua ressurreição, Jesus subiu aos céus, prometendo aos discípulos que enviaria o Espírito Santo, que lhes foi comunicado no dia de Pentecostes.

Entre a ascensão de Jesus ao céu e a descida do Espírito Santo, passaram-se nove dias. A comunidade cristã ficou reunida em torno de Maria, de algumas mulheres e dos apóstolos. Foi a primeira novena cristã. Hoje, ainda a repetimos todos os anos, orando, de modo especial, pela unidade dos cristãos. É o padrão de todas as outras novenas.

A novena é uma série de nove dias seguidos em que louvamos a Deus por suas maravilhas, em particular, pelos santos, por cuja intercessão nos são distribuídos tantos dons.

Alegoricamente, a novena é antes de tudo um ato de louvor ao Pai, ao Filho e ao Espírito Santo, Deus três vezes Santo. Três é número perfeito. Três vezes três, nove. A novena é louvor perfeito à Trindade. A prática de nove dias de oração, louvor e súplica confirma de maneira extraordinária nossa fé em Deus que nos salva, por intermédio de Jesus, de Maria e dos santos.

O Concílio Vaticano II afirma: "Assim como a comunhão cristã entre os que caminham na terra nos aproxima mais de Cristo, também o convívio com os santos nos une a Cristo, fonte e cabeça de que provêm todas as graças e a própria vida do povo de Deus" (*Lumen Gentium*, 50).

Nossas Devoções procura alimentar o convívio com Jesus, Maria e os santos, para nos tornarmos cada dia mais próximos de Cristo, que nos enriquece com os dons do Espírito e com todas as graças de que necessitamos.

Francisco Catão

Coleção Nossas Devoções

- *Dulce dos Pobres: novena e biografia* – Marina Mendonça
- *Francisco de Paula Victor: história e novena* – Aparecida Matilde Alves
- *Frei Galvão: novena e história* – Pe. Paulo Saraiva
- *Imaculada Conceição* – Francisco Catão
- *Jesus, Senhor da vida: dezoito orações de cura* – Francisco Catão
- *João Paulo II: novena, história e orações* – Aparecida Matilde Alves
- *João XXIII: biografia e novena* – Marina Mendonça
- *Maria, Mãe de Jesus e Mãe da Humanidade: novena e coroação de Nossa Senhora* – Aparecida Matilde Alves
- *Menino Jesus de Praga: história e novena* – Giovanni Marques Santos
- *Nhá Chica: Bem-aventurada Francisca de Paula de Jesus* – Aparecida Matilde Alves
- *Nossa Senhora Aparecida: história e novena* – Maria Belém
- *Nossa Senhora da Cabeça: história e novena* – Mario Basacchi
- *Nossa Senhora da Luz: novena e história* – Maria Belém
- *Nossa Senhora da Penha: novena e história* – Maria Belém
- *Nossa Senhora da Salete: história e novena* – Aparecida Matilde Alves
- *Nossa Senhora das Graças ou Medalha Milagrosa: novena e origem da devoção* – Mario Basacchi
- *Nossa Senhora de Caravaggio: história e novena* – Leomar A. Brustolin e Volmir Comparin
- *Nossa Senhora de Fátima: novena* – Tarcila Tommasi
- *Nossa Senhora de Guadalupe: novena e história das aparições a São Juan Diego* – Maria Belém
- *Nossa Senhora de Nazaré: novena e história* – Maria Belém
- *Nossa Senhora Desatadora dos Nós: história e novena* – Frei Zeca
- *Nossa Senhora do Bom Parto: novena e reflexões bíblicas* – Mario Basacchi
- *Nossa Senhora do Carmo: novena e história* – Maria Belém
- *Nossa Senhora do Desterro: história e novena* – Celina Helena Weschenfelder
- *Nossa Senhora do Perpétuo Socorro: história e novena* – Mario Basacchi
- *Nossa Senhora Rainha da Paz: história e novena* – Celina Helena Weschenfelder
- *Novena à Divina Misericórdia* – Tarcila Tommasi

- *Novena das Rosas: história e novena de Santa Teresinha do Menino Jesus* – Aparecida Matilde Alves
- *Novena em honra ao Senhor Bom Jesus* – José Ricardo Zonta
- *Ofício da Imaculada Conceição: orações, hinos e reflexões* – Cristóvão Dworak
- *Orações do cristão: preces diárias* – Celina Helena Weschenfelder
- *Os Anjos de Deus: novena* – Francisco Catão
- *Padre Pio: novena e história* – Maria Belém
- *Paulo, homem de Deus: novena de São Paulo Apóstolo* – Francisco Catão
- *Reunidos pela força do Espírito Santo: novena de Pentecostes* – Tarcila Tommasi
- *Rosário dos enfermos* – Aparecida Matilde Alves
- *Rosário por uma transformação espiritual e psicológica* – Gustavo E. Jamut
- *Sagrada Face: história, novena e devocionário* – Giovanni Marques Santos
- *Sagrada Família: novena* – Pe. Paulo Saraiva
- *Sant'Ana: novena e história* – Maria Belém
- *Santa Cecília: novena e história* – Frei Zeca
- *Santa Edwiges: novena e biografia* – J. Alves
- *Santa Filomena: história e novena* – Mario Basacchi
- *Santa Gemma Galgani: história e novena* – José Ricardo Zonta
- *Santa Joana d'Arc: novena e biografia* – Francisco de Castro
- *Santa Luzia: novena e biografia* – J. Alves
- *Santa Maria Goretti: história e novena* – José Ricardo Zonta
- *Santa Paulina: novena e biografia* – J. Alves
- *Santa Rita de Cássia: novena e biografia* – J. Alves
- *Santa Teresa de Calcutá: biografia e novena* – Celina Helena Weschenfelder
- *Santa Teresinha do Menino: novena e biografia* – Jesus Mario Basacchi
- *Santo Afonso de Ligório: novena e biografia* – Mario Basacchi
- *Santo Antônio: novena, trezena e responsório* – Mario Basacchi
- *Santo Expedito: novena e dados biográficos* – Francisco Catão
- *Santo Onofre: história e novena* – Tarcila Tommasi
- *São Benedito: novena e biografia* – J. Alves

- *São Bento: história e novena* – Francisco Catão
- *São Brás: história e novena* – Celina Helena Weschenfelder
- *São Cosme e São Damião: biografia e novena* – Mario Basacchi
- *São Cristóvão: história e novena* – Mário José Neto
- *São Francisco de Assis: novena e biografia* – Mario Basacchi
- *São Francisco Xavier: novena e biografia* – Gabriel Guarnieri
- *São Geraldo Majela: novena e biografia* – J. Alves
- *São Guido Maria Conforti: novena e biografia* – Gabriel Guarnieri
- *São José: história e novena* – Aparecida Matilde Alves
- *São Judas Tadeu: história e novena* – Maria Belém
- *São Marcelino Champagnat: novena e biografia* – Ir. Egídio Luiz Setti
- *São Miguel Arcanjo: novena* – Francisco Catão
- *São Pedro, Apóstolo: novena e biografia* – Maria Belém
- *São Peregrino Laziosi* – Tarcila Tommasi
- *São Roque: novena e biografia* – Roseane Gomes Barbosa
- *São Sebastião: novena e biografia* – Mario Basacchi
- *São Tarcísio: novena e biografia* – Frei Zeca
- *São Vito, mártir: história e novena* – Mario Basacchi
- *Senhora da Piedade: setenário das dores de Maria* – Aparecida Matilde Alves
- *Tiago Alberione: novena e biografia* – Maria Belém